Tina Stadlmayer, Wo Braunschweigs erste Bücher standen

D1729493

NEXUS
Historische Bauwerke und ihre Bewohner

Tina Stadlmayer

Wo Braunschweigs erste Bücher standen

Die Liberei zu Braunschweig und der Büchersammler
Gerwin von Hameln

MERLIN VERLAG

Braunschweig im Jahr 1492, kolorierter Holzschnitt aus der Cronecken der sassen.

Ich danke Dr. Anette Haucap-Naß, Dr. Henning Steinführer, Elmar Arnhold, Pfarrer Peter Kapp und Dipl.-Ing. Norbert Koch für die Unterstützung.

Inhalt

Die Liberei in der Kröppelstraße in Braunschweig, 1925.

Das älteste Bibliotheksgebäude in Deutschland

Auf den ersten Blick kann man es leicht übersehen, aber das kleine kapellenartige Backsteingebäude neben der prächtigen Andreaskirche in Braunschweig ist ein wahres Kleinod: Das liebevoll restaurierte Häuschen mit seinem markanten Treppengiebel ist der einzige gotische Backsteinbau der Stadt und zugleich das älteste Bibliotheksgebäude Deutschlands. In diesem 1422 fertiggestellten Haus auf dem Gelände der Pfarrei St. Andreas an der Kröppelstraße befand sich im 15. Jahrhundert eine der bedeutendsten Bibliotheken der damaligen Zeit: Die Büchersammlung des Braunschweiger Stadtschreibers Gerwin von Hameln. Die beachtliche wissenschaftliche Sammlung enthielt vor allem theologische und juristische Schriften. Nur wenige Bibliotheken waren ebenso gut ausgestattet. Das Besondere daran war: Jeder Bürger durfte die Bücher benutzen. Die Liberei war eine der ersten Bürgerbibliotheken Europas.

Liberei bedeutet Bibliothek – die Bezeichnung leitet sich von den lateinischen Wörtern *liber* (Buch) und *libraria* (Büchersammlung) ab. Gerwin von Hameln, der das Gebäude im 15. Jahrhundert mit seinen literarischen Schätzen bestückte, war eine imponierende Persönlichkeit. Als Stadtschreiber zählte er zur administrativen und intellektuellen Elite der aufblühenden Handelsmetropole. Er investierte einen Großteil seines Vermögens in teure Handschriften und wertvolle, gedruckte Schriften. Insgesamt 336 Bücher wurden es im Laufe seines Lebens. Die Sammlung entstand in Zeiten tiefgreifender politischer, religiöser und wirtschaftlicher Veränderungen. Der Ruf nach einer grundlegenden Reform der Kirche wurde in der ersten Hälfte des 15. Jahrhunderts immer lauter. Gelehrte verabschiedeten sich von der streng scholastischen Gedankenwelt des Mittelalters und begannen freier, „humanistisch“ zu denken. Technische Neuerungen wie die Erfindung des Buchdrucks revolutionierten den Alltag. Dieser Umbruch spiegelt sich deutlich in Gerwins Sammlung wider. Wie so viele seiner Generation war er zwar tief in den mittelalterlichen Welt- und

Glaubensanschauungen verhaftet, zeigte sich aber offen für all die neuen Ideen und Erfindungen, die zu seinen Lebzeiten aufkamen. Kaum war beispielsweise der Buchdruck erfunden, erstand er aus Lettern gesetzte Werke. Neben vielen kirchentheoretischen Standardwerken enthielt die Sammlung daher auch kirchenkritische und humanistische Texte. Besonders eindrucksvoll aber ist, dass Gerwin seine Bücher der Öffentlichkeit zur Verfügung stellte. So viel Bürgersinn ist von kaum einem Privatsammler des Spätmittelalters überliefert.

Die wechselvolle Baugeschichte

Der damalige Pfarrer der Andreaskirche, Johann von Ember, gab den Bau der Liberei 1412 in Auftrag, um hier sowohl den Buchbestand der St.-Andreas-Kirche als auch seine private Sammlung unterzubringen.

Das Gebäude war von Beginn an als freistehende Bibliothek konzipiert: „ythwelke boke to blivende in eynem huse datme noch buwen schal" – jedwede Bücher sollen in einem Haus bleiben, das noch zu bauen ist, hielt Pfarrer Ember fest.[1] Dieses Anliegen war geradezu revolutionär. Im deutschsprachigen Raum gab es bis dahin kein freistehendes Bibliotheksgebäude. Zum Pfingstfest im Jahr 1413 sollte die Liberei eingeweiht werden. Doch der Bau verzögerte sich. Erst neun Jahre später wurde das Dach gedeckt und der Innenausbau fertig gestellt. Grund für die Unterbrechung war der Braunschweiger „Pfaffenkrieg".

> Im so genannten Pfaffenkrieg (1413 bis 1420) stritten die Stadt Braunschweig und das St.-Blasius-Stift um die Besetzung der Pfarrstelle an der Ulrichskirche. Beide beanspruchten das Recht für sich, einen Kandidaten auszuwählen und einzusetzen. Die Fronten waren bald so verhärtet, dass die Kontrahenten ein päpstliches Gericht in Rom anriefen, um den Streit zu schlichten. Rom entschied sich für den städtischen Kandidaten – zum Ärger des St.-Blasius-Stifts, das sich über den Schiedsspruch hinwegsetzte und Johann von Ember mit dem Amt betraute. Empört über diesen offensichtlichen Affront sprach der Papst einen Bann

über das Stift und Pfarrer von Ember aus, der daraufhin aus der Stadt floh. Der Konflikt konnte erst 1420 dank des diplomatischen Geschicks des braunschweigisch-lüneburgischen Landesherren Herzog Bernhard beigelegt werden.

Erst 1420 wurden die Arbeiten an der Liberei fortgesetzt. Von dem Friedensschluss zwischen der Stadt Braunschweig, dem Blasius-Stift und Pfarrer von Ember zeugen noch heute die drei Wappen an der Südseite des Gebäudes.

Die Handschriftensammlung, für die Johann von Ember die Liberei errichten ließ, hatte er von seinen Vorgängern übernommen. Er war jedoch selbst ein eifriger Sammler und vermehrte den Bestand um Schriften theologischen und juristischen Inhalts, die er bei seinen Reisen nach Italien und zum Konstanzer Konzil erworben hatte. Pfarrer Embers Bibliothek wuchs so auf 52 Werke an.

Die Giebelseite der Liberei, Zeichner unbekannt.

9

Im frühen 15. Jahrhundert beanspruchten drei Männer die Papstwürde für sich: Gregor XII, Johannes XXIII und Benedikt XIII. Über Jahrzehnte hatte dieser Machtkampf Europa gelähmt. Um den unerträglichen Zustand zu beenden, rief der deutsch-römische König Sigismund 1414 das Konstanzer Konzil ein, an dem alle hochrangigen kirchlichen Würdenträger teilnahmen. Nach vier Jahren der Beratung beendeten sie im Jahr 1418 das sogenannte „große abendländische Schisma", indem sie einen neuen Papst wählten: Martin V.

Konstanz war während dieser Zeit Treffpunkt der intellektuellen Elite Europas. Das Konzil war eine einmalige Gelegenheit, sich auszutauschen – und Literatur zu erwerben, die hier zuhauf angeboten wurde.

Fassade und Innengestaltung

Das Erscheinungsbild der Liberei ist bemerkenswert, denn Backstein und Treppengiebel gab es im mittelalterlichen Braunschweig sonst nicht. Ein Grund für die untypische Bauweise war die Wahl des Architekten. Baumeister Heinrich kam aus Lüneburg und plante die Liberei – wie es in seiner Heimat üblich war – im Stil der norddeutschen Backsteingotik. Auch die Steine ließ er aus Lüneburg kommen.

Ein kleiner Schmuckfries an der Südfassade unterhalb der Blendnischen fällt sofort ins Auge. 17 schreitende Löwen – seit dem 12. Jahrhundert das Wappentier Braunschweigs – zieren die gesamte Wandbreite. Darunter befinden sich die drei Kalkstein-Wappen, die von der Beilegung des Pfaffenkriegs zeugen: Das linke zeigt drei Löwen, es ist das Wappen des Welfen-Herzogs Bernhard I. und des Blasius-Stifts, denn der Blasius-Dom war die Herzogliche Hofkirche. Auf dem mittleren Wappen ist der Braunschweiger Löwe zu sehen, es ist das Stadtwappen Braunschweigs. Das rechte Wappen zeigt drei Eimer, drei „Ember", wie es damals hieß – es ist das Familienwappen von Pfarrer Johann von Ember.

Das zierliche Backsteingebäude mit seiner winzigen Grundfläche von etwas mehr als 25 Quadratmetern steht in reizvollem Kontrast zur benachbarten Andreaskirche mit ihren hohen Kirchenmauern und dem heute 93 Meter hohen Südturm. Im 16. Jahrhundert war der Gegensatz noch größer, denn der Kirchturm ragte damals 122 Meter empor und war damit einer der höchsten Europas.

Erdgeschoss und erster Stock der Liberei bestehen jeweils nur aus einem Raum, beide haben ein gotisches Deckengewölbe. Der untere Raum ist sehr dunkel. Es fällt schwer, sich vorzustellen, dass dies einmal ein Lesesaal war. Denn das Licht, das durch die beiden gotischen Doppelfenster an der Westseite des Hauses dringt, reicht zum Lesen kaum aus. Feierlich wirkt der Raum durch sein zwei Meter hohes Kreuzgratgewölbe. Leider ist das Erdgeschoss sehr feucht und wird deshalb heute nur noch als Lager für Steinfiguren genutzt.

Der Raum im ersten Stock ist sehr viel heller. Sechs spitzbogige Doppelfenster sorgen hier für Licht. Die Kreuzrippen des Deckengewölbes sind rot und grün bemalt. In der Nische neben der Eingangstüre stand im Mittelalter vermutlich ein abschließbarer Schrank, in dem die kostbareren Bücher verwahrt wurden. Heute deutet nichts mehr auf die damalige Einrichtung hin. Unter den Fenstern sind Heizkörper angebracht. Der Boden ist mit quadratischen Ziegeln belegt.

Die Liberei als Bürger-Bibliothek

Zehn Jahre nach Baubeginn wurde die Liberei endlich fertigge-stellt. Ein Vertrag zwischen Pfarrer Ember und der Kirchenge-meinde von St. Andreas vom April 1422 legte fest, was noch alles gebaut und eingerichtet werden sollte: Dach, Treppen, Fenster, Bänke, Pulte Türen und Schlösser. Die Gemeinde St. Andreas übernahm den Großteil der Kosten. Da der Pfarrer den unteren Raum aber für sich selbst nutzen wollte, musste er die dort anfal-lenden Zimmerer- und Schlosserarbeiten aus eigener Tasche be-zahlen. Der Vertrag enthielt auch Vorschriften zur Benutzung der Bibliothek: Die Bücher sollten angekettet sein und durften nicht ausgeliehen werden. Das Recht zur Ausleihe blieb nur von Ember vorbehalten, der ein oder zwei Bücher für eine bestimmte Zeit mit nach Hause nehmen durfte. Die Schlüssel zum Lösen der Ketten sollten vom Rat der Neustadt und von den Kirchenältes-ten der Andreaskirche verwahrt werden. Je einen Schlüssel zur Tür der Bibliothek erhielten der Pfarrer der Andreaskirche und die Kirchenältesten. Eine gesonderte Urkunde listet alle Bücher auf, die der Kirche von alters her gehörten, und jene, die Pfarrer Em-ber der Kirche geschenkt hatte. Die wichtigste Bestimmung aber lautete, dass die Bibliothek für alle ehrwürdigen Bürger zugäng-lich sein sollte. Alle „loffwerdighe prester, capellan unde personen der stad Brunswig" – ehrwürdige Priester, Kaplane und Personen der Stadt Braunschweig – sollten hier die Schriften studieren kön-nen.[2] Mit dieser Regelung war von Ember seiner Zeit weit voraus. Pfarrbüchereien standen damals in der Regel ausschließlich der Geistlichkeit zur Verfügung. Vermutlich durften alle Bürger die Liberei nutzen, die als vertrauenswürdig bekannt waren oder für die ein anderer mit gutem Ruf bürgte.

Die Bücher lagen und standen im Erdgeschoss und im ersten Stock auf Pulten. Mit Ketten waren sie an eisernen Stangen über den Tischen befestigt. Die Praxis, Bücher auf Pulten aufzustellen und anzuketten, stammt aus dem 13. Jahrhundert. Die Ketten wurden dabei am oberen Rand des hinteren Buchdeckels, der meistens aus Holz war, angebracht. Das Lesen erfolgte im Stehen. Die Zuständigkeit für den Unterhalt der Bibliothek war ebenfalls vertraglich geregelt: Die Ausgaben sollten zu zwei Dritteln von

Das einstige Lesezimmer im Obergeschoss der Liberei.

der Kirchengemeinde und zu einem Drittel vom Pfarrer getragen werden. 1423, kurz nach der Fertigstellung der Liberei, starb von Ember. Seinem Nachfolger im Pfarramt, Ludolf Quirre, hinterließ er die Bücherliste. Für die Übernahme der Bände musste Quirre beim Blasius-Stift, an dem von Ember Vikar war, eine Kaution hinterlegen. Als er die Kautionsurkunde anfertigen ließ, stellte Quirre fest, dass einige Werke fehlten. Vermutlich waren die wertvollen Handschriften entwendet worden. Die Urkunde mit einer neuen, von Quirre verfassten Bücherliste ist heute noch im Stadtarchiv Braunschweig vorhanden.

Nach Ludolf Quirre übernahm nicht der neue Pfarrer von St. Andreas die Verantwortung für die Liberei, sondern ein wohlhaben-

An dieser Handschrift aus der Sammlung Gerwins von Hameln ist noch ein Rest der Befestigungskette am hinteren Buchdeckel erhalten. Die Kette war ursprünglich fast 30 cm lang.

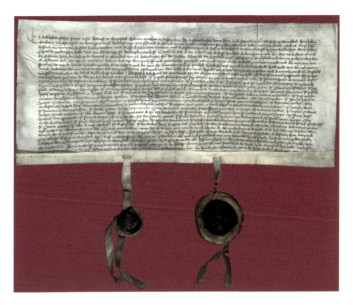

Die von Ludolf Quirre verfasste Liste über den Buchbestand der Liberei.

der Bücherfreund, der gegenüber der Andreaskirche wohnte: Der Notar und Stadtschreiber Gerwin von Hameln, mit dessen Namen die Liberei bis heute eng verbunden ist.

Warum Gerwin von Hameln und nicht der neue Pfarrer der Gemeinde mit der Verwaltung der Liberei betraut wurde, ist nicht ganz geklärt. Vielleicht war es die naheliegendste Lösung: Der wohlhabende Bücherfreund gehörte zur Gemeinde, wohnte direkt gegenüber der Andreaskirche, besaß als Stadtschreiber ein hoch angesehenes Amt – und spendete darüber hinaus seine umfassende Büchersammlung. Der bibliophile Stadtschreiber entwickelte die Liberei zu einer der bedeutendsten Privatbibliotheken der damaligen Zeit. „Drehundert unde sesundedrittich", 336 gedruckte und handschriftliche Bücher lagerten zur Hälfte im unteren und zur anderen Hälfte im oberen Stockwerk angekettet auf Pulten, die mit Buchstaben gekennzeichnet waren. Auf den Pulten a bis f standen die theologischen Werke, auf dem Pult g die Wörterbücher, auf Pult h philosphische Literatur.
Ganz bewusst hielt sich Gerwin an die Vorschrift aus Pfarrer Em-

bers Zeiten, die Bücher der Liberei nicht nur Geistlichen zur Verfügung zu stellen. Auch er wollte, dass *alle* gelehrten Personen freien Zugang zu seinen Büchern haben sollten. Nachdrücklich hielt er das sogar in seinem Testament fest.

Ein fleißiger Ratsbediensteter mit einem teuren Hobby

Pflichtbewusst, fleißig und akribisch muss Gerwin gewesen sein. Seine Schrift war akkurat, und im Gegensatz zu den anderen Stadtschreibern machte er nur selten Fehler. In seiner fast 50-jährigen Amtszeit hat er mehrere Tausend Einträge in den städtischen Büchern vorgenommen. Testamente aufnehmen, Urkunden registrieren, Urteile niederschreiben war die tägliche Arbeit des Stadtschreibers. Seine Begeisterung aber galt dem Sammeln von Handschriften und Büchern, neuen und solchen aus früherer Zeit. Er hatte den Ehrgeiz, eine Bibliothek mit den wichtigsten Werken der damaligen Zeit zusammenzutragen. Das war eine teure Liebhaberei, denn Handschriften und Drucke hatten ihren Preis. Wenn er genügend Schriften zusammen hatte, ließ er sie binden – auch das war nicht billig.

> Schreiben war im frühen Mittelalter ein Handwerk, das in der Regel nur Geistliche beherrschten. Die Herstellung jeder einzelnen Handschrift war überaus aufwendig. Oft kamen dabei zehn oder mehr Schreiber zum Einsatz, die manchmal monatelang an einem Exemplar arbeiteten. Hinzu kamen Rubrikatoren, die Überschriften und Anfangsbuchstaben in roter Schrift in den Text einfügten, und Buchmaler, die die Seiten illustrierten. Eine handgeschriebene Bibel kostete etwa so viel wie 50 Ochsen. Nur sehr reiche Fürsten, Kaufleute und Geistliche konnten sich diesen Luxus leisten. Im 12. und 13. Jahrhundert gab es dann Berufsschreiber, die in ihren eigenen Werkstätten Bücher herstellten. Im 15. Jahrhundert produzierten solche Schreibstuben im Auftrag reicher Kunden kostbar ausgestattete Andachtsbücher mit Psalmen und Gebeten sowie in Serie hergestellte Handschriften mit kolorierten Federzeichnungen. Die größte Schreibstube im deutschsprachigen Raum hatte Diebold Lauber im elsässischen Hagenau.

Miniatur aus dem Jahr 1456. Von Gerwin von Hameln ist keine Abbildung überliefert. Ähnlich wie in dieser Schreibstube könnte auch Gerwin von Hameln gearbeitet haben.

Zwischen dem 8. und 15. Jahrhundert wurden insgesamt etwa zwei Millionen Manuskripte im Deutschen Reich angefertigt. Etwa 120.000 bis 130.000 davon sind noch erhalten.

Braunschweig im Mittelalter

Als Gerwin von Hameln Anfang des 15. Jahrhunderts geboren wurde, zählte Braunschweig etwa 18.000 Einwohner. 15 Prozent waren der Oberschicht zuzurechnen, knapp die Hälfte gehörte der Unterschicht an. An der Spitze der sozialen Rangordnung standen die Fernhändler. Sie führten Wolltuche, Messingprodukte, Bier, Getreide und Holz aus und importierten teure Tuche, Pelze, Seide, Gewürze, Heringe und Salz. Nach den Fernhändlern folgten im Rang die Gewandschneider, die Wechsler und Münzer sowie die Goldschmiede, Kramer und Lakenmacher. Alle anderen Berufsgruppen gehörten zu den niedriger gestellten Handwerkern.

> Urkundlich wurde Braunschweig zum ersten Mal im Jahr 1031 erwähnt. Unter Herzog Heinrich dem Löwen, der von 1142 bis 1195 regierte, entwickelte sich das Städtchen zu einem bedeutenden Handelsplatz. Die günstige Lage an der schiffbaren Oker trug wesentlich dazu bei. Der wirtschaftliche Erfolg machte die Braunschweiger selbstbewusst und finanziell unabhängig. Im 13. und 14. Jahrhundert kauften sie den Nachfahren Heinrichs des Löwen, den welfischen Herzögen, Schritt für Schritt die landesherrlichen Rechte ab. Damit war die Stadt über Jahrhunderte politisch und wirtschaftlich unabhängig. Braunschweig wurde Mitglied im Sächsischen Städtebund und in der Hanse. Erst 1671 eroberten die Herzöge die Herrschaft über Braunschweig zurück.

Zur Zeit Gerwins bestand die Stadt aus fünf Bezirken, den sogenannten Weichbilden: Altstadt, Neustadt, Hagen, Altewiek und Sack. Der Begriff „Weichbild" wird in Braunschweig heute noch für die einzelnen Stadtviertel verwendet. Das Wort leitet sich von den beiden Begriffen *vicus* (Dorf) und *bild* (Recht) ab. Die Braunschweiger Weichbilde hatten im Mittelalter eigene Rathäuser und – bis auf den Sack – eine eigene Pfarrkirche. 1269 wurde ein „Gemeiner Rat" geschaffen, der die gemeinsamen Angelegenheiten der Weichbilde regelte. Eigenständige Rechtsbezirke neben den fünf Weichbilden waren der Burgbezirk mit der Burg Dankwarderode und dem St.-Blasius-Stift sowie der Klosterbezirk der Aegidienfreiheit mit der gotischen St.-Aegidien-Kirche aus dem 13. Jahrhundert.

Das mächtigste Weichbild war die Altstadt. Das gotische Rathaus prägt das Stadtbild bis heute. Es erhielt seine heutige Gestalt im 15. Jahrhundert. Der „Gemeine Rat", für den Gerwin als Stadtschreiber tätig war, traf sich jedoch im Rathaus der Neustadt. Der Schreiber hatte einen kurzen Weg zu seinem Arbeitsplatz, denn er wohnte in der Marktstraße. Die Gegend war damals mittelständisch geprägt. Gerwins Nachbarn waren zum Großteil Handwerker. Sie stellten zum Beispiel wie schon sein Großvater Messingbecken her. Andere webten Tuche. Noch heute erinnern die Namen der Beckenwerkerstraße und der Weberstraße daran.

St. Andreas war das Gotteshaus der Neustadt. Um 1230 war mit dem Bau begonnen worden. Doch noch zu Gerwins Lebzeiten war er nicht vollendet. Bis ins 16. Jahrhundert hinein werkelten die Braunschweiger an ihrer Andreaskirche. 1518 ließ Baumeister Barward Tafelmaker den Südturm um zwei Stockwerke erhöhen, denn die Gläubigen hatten ihrem Seelenheil zuliebe eifrig gespendet. Doch dann verkündete Martin Luther, dass sich das Heil der Seele nicht erkaufen lasse, und der Spendenfluss versiegte. Bis heute ist deshalb ein Turm niedriger als der andere. 1544 setzten die Braunschweiger dem Südturm eine steile Zeltspitze auf. Seither ist die Kirche das Wahrzeichen der Stadt. Viele Jahre später zerstörte ein Feuer die steile Spitze, die 1740 durch die heutige Barockhaube ersetzt wurde.

Reisende, die sich Braunschweig näherten, waren von seinen Befestigungsanlagen beeindruckt. Die Stadt wurde von einer Stadtmauer und dem künstlich angelegten Okerumflutgraben geschützt. Ihr Wohlstand zeigte sich in prächtigen Kirchenbauten, repräsentativen Rathäusern und steinernen Wohnbauten.

> Mitte des 15. Jahrhunderts notierte Enea Silvio Piccolomini, der spätere Papst Pius II: „Braunschweig ist eine in ganz Deutschland denkwürdige Stadt, groß und volkreich, mit Mauern und Gräben bewehrt, in der die Türme und Befestigungsanlagen, die prächtigen Häuser, die reinlichen Straßen und geräumigen und reich geschmückten Gotteshäuser sich auszeichnen.“[3] Wenig später schrieb der Humanist Tilman Rasche von Zierenberg: „Braunschweig ist die Metropole ganz Sachsens, eine Großstadt, die weit und breit in Deutschland bekannt ist ... Die Plätze sind blitzsauber, die Häuser sehr ansehnlich ... Männer wie Frauen sind praktisch gekleidet, im Winter stopfen sie Wolle in die Schuhe. Die Frauen streben danach ihre Füße möglichst klein und zierlich, ihre Brüste aber groß und schwellend erscheinen

zu lassen. Die Braunschweiger halten ihre Eide und Versprechen, sind nicht diebisch, habgierig oder verschwenderisch."[4]

Herkunft und Studium des Gerwin von Hameln

Die Familie von Hameln war im Spätmittelalter in Braunschweig gut bekannt. Bereits im 14. Jahrhundert taucht der Name „von Hameln" in einigen Dokumenten auf. Er wird jedoch immer wieder unterschiedlich geschrieben: „van Hameln", „van Hamelen", „de Hameln" oder auch „de Hamelen". Fest steht, dass es sich um einen Herkunftsnamen handelt, der später zum Familiennamen wurde. Es ist allerdings unklar, ob der Herkunftsort die Stadt Hameln an der Weser oder das Dorf Hohenhameln bei Peine ist. Seit dem 15. Jahrhundert ist das Wappen der Familie von Hameln bekannt. Es zeigt den Kopf und die Vorderfüße eines silbernen Bocks mit roten Hörnern. Gerwins Vater benutzte das Wappen in seinen Rundsiegeln. Bis heute ist es auf einer Brauttruhe der Familie aus dem 16. Jahrhundert erhalten, die im Städtischen Museum Braunschweig steht.

Der Vorname Gerwin wurde als Leitname der Familie weiter vererbt: Sowohl Gerwins Großvater als auch sein Vater hießen so. Der Großvater stellte als Beckenwerker Kupfer- und Messinggefäße her und war ein wohlhabender Mann mit gutem Ruf. Gerwins Vater hingegen scheint Vergnügungen geliebt zu haben. Er amtierte viermal als Konstabler und war damit für das Fastnachtstreiben in der Stadt verantwortlich. Offensichtlich schlug er des Öfteren über die Stränge: Mehrere Male wurde er aktenkundig. Vorgeworfen wurden ihm unter anderem verbotenes Würfelspiel und Rosstäuscherei.

Wann genau der spätere Stadtschreiber und Büchersammler Gerwin von Hameln geboren wurde, ist nicht überliefert. Im Sommersemester 1433 schrieb er sich an der Universität Leipzig ein, an der angesehene Rechtsexperten lehrten. Er schloss sein Studium allerdings nicht ab. Spätestens 1438 kehrte er in seine Heimatstadt Braunschweig zurück. In Gerwins Bibliothek finden sich etliche Handschriften, die nach Leipzig verweisen, zum Beispiel Mitschriften von Vorträgen an der Universität.

Das Wappen der Familie von Hameln.

Notar, Kleriker und Stadtschreiber

Als kaiserlicher Notar und Stadtschreiber gehörte Gerwin zur Verwaltungselite der Stadt. Er stellte Urkunden aus, die öffentliche Rechtsgeltung hatten, und signierte sie mit seinem Zeichen. Rechtsgeschäfte wie Hauskäufe bedurften damals – wie heute – einer notariellen Beglaubigung. Gerwins Signet ist auch in drei Bänden seiner Bücher als Besitzerzeichen überliefert. Es hat ornamentalen Charakter: Aus einem Zweig wächst eine neunblättrige Rispe, auf deren Blättern der Buchstabe n steht, der auf seine Funktion als Notarius verweist. Ornamentale Notariatszeichen waren im Spätmittelalter selten. Gerwins Notarskollegen verwendeten meist redende Signets, die auf ihren Namen anspielten, ähnlich dem Eimer in Pfarrer Embers Wappen.

Wie die meisten öffentlichen Notare seiner Zeit gehörte Gerwin auch zum niederen Klerus. Im April 1445 erhielt er vom Altstadtrat ein lukratives Lehen: Er wurde erster Priester der Heilig-Geist-Kapelle vor dem Hohen Tor im Westen der Stadt. Es war damals üblich, dass Ratsbedienstete wie Notare und Stadtschreiber Lehen

Das Notariatssignet Gerwins von Hameln.

vom Rat bekamen, um so ihren eher kärglichen Lohn aufzubessern. Unklar ist, ob Gerwin als erster Priester der Heilig-Geist-Kapelle auch seelsorgerisch tätig war. Wahrscheinlich ließ er die Aufgaben des ersten Priesters, wie das Lesen der Messe und das Erteilen von Sakramenten, von einem bezahlten Stellvertreter erledigen.

Obwohl Gerwin dem niederen Klerus angehörte, war er verheiratet und hatte zwei Söhne. Im Mittelalter war das durchaus üblich – Zölibat hin oder her. Das Konzil von Basel (1431-1449) machte dem freizügigen Leben des niederen Klerus jedoch ein Ende. Per Dekret wurde 1435 angeordnet, dass sich alle verheirateten Kleriker von ihren Frauen zu trennen hatten. Wer sich weigerte, sollte sein Lehen verlieren. Gerwin kannte den Beschluss, denn er besaß eine Abschrift des Textes. Offenbar ist er der Aufforderung des Konzils gefolgt, da er weder seine Frau noch seine Söhne Gerwin und Frederick in seinem Testament bedachte. Aus einer Urkunde geht jedoch hervor, dass Gerwin zu Lebzeiten Rentenverträge für seine Söhne abgeschlossen hatte. So erhielten sie nach seinem Tod bescheidene Leibrenten.
Neben seinen Tätigkeiten als Notar und Kleriker arbeitete Gerwin fünfzig Jahre lang als Stadtschreiber. In der Hierarchie der neun Stadtschreiber stand er an zweiter Stelle gleich hinter dem Syndikus. Er war also der zweithöchste Beamte in der Stadtverwaltung. Seinen Amtsantritt im Jahr 1438 vermerkte er von eigener Hand im städtischen Gedenkbuch.

22

Zu Beginn seiner Karriere führte Gerwin kleinere Schreibarbeiten in den Gedenk- und Rentenbüchern aus. Dabei ging er sehr sorgfältig vor und vervollständigte sogar alte Einträge aus dem vorangegangenen Jahrhundert. Später führte er die Rentenbücher der Finanzverwaltung. Ähnlich wie heute beschaffte sich der Staat auch im Mittelalter benötigtes Geld auf dem Kapitalmarkt. Die gängigste Methode waren die sogenannten Rentenkäufe. Die Bürger gaben der Stadt einen Kredit und erhielten als Gegenleistung eine feste Verzinsung – die jährliche Rente. Gerwin katalogisierte fast alle Urkunden, auch solche, die vor seiner Amtszeit ausgestellt worden waren, legte Steuerregister an, unterstützte die Kämmerei bei der Buchführung und organisierte das gesamte Schriftwesen. Fast alle Urkunden aus dem Zeitraum zwischen 1432 und 1489 enthalten einen Registratur-Vermerk von Gerwins Hand. Ab 1435 führte er auch das Gedingebuch der Neustadt. Darin wurden alle Verträge und Verhandlungen, die den Stadtteil und seine Bewohner betrafen, aufgezeichnet. Außerdem schrieb er das Gedenk- und das Testamentbuch der Neustadt. Seine Einträge ins Kirchenbuch der Neustädter Pfarrkirche St. Andreas zeigen seine enge Verbindung zu dieser Kirche.

Gerwins Name taucht in den Hauptrechnungen der Stadt unter der Rubrik „scriverlon" (Schreiberlohn) auf. Sein Gehalt war bescheiden: Von der Neustadt bekam er vier Mark im Jahr – ein Pferd kostete damals etwa drei Mark. Eine spürbare Aufbesserung bekam er 1442 vom Gemeinen Rat „umme synes flitigen denstes willen" (für seine fleißigen Dienste).[5]

Zeitenwende: Die Erfindung des Buchdrucks

Um 1454 wurde Gerwin von Hameln Zeuge einer revolutionären Erfindung. Das Spätmittelalter war in Europa die Zeit der großen Neuerungen: Die Städte wurden größer und die Kaufleute reicher. Universitäten wurden gegründet, die erste Taschenuhr und der erste Globus gebaut. Doch die wichtigste Erfindung war die des Goldschmieds Johannes Gensfleisch, genannt Guten-

Stadtansicht Braunschweigs aus dem Jahr 1547, Peter Spitzer zugeschrieben.

berg: Eine Druckerpresse, die mit Hilfe von beweglichen Lettern und ölhaltiger Tinte Texte auf Papier brachte. Plötzlich konnte an einem Tag gedruckt werden, was zuvor monatelang von etlichen Schreibern abgeschrieben werden musste. Ohne die Erfindung des Papiers hätte Gutenbergs neue Maschine allerdings keinen so durchschlagenden Erfolg gehabt. Es wurde damals aus Lumpen, Leinen und Hanf hergestellt und war damit deutlich billiger als Pergament, das in einem aufwendigen Verfahren aus Tierhäuten gewonnen wurde. Dank der neuen Techniken ermäßigten sich die Preise für Bücher so erheblich, dass sich immer mehr Menschen das Lesevergnügen leisten konnten.

Naturwissenschaftler, Theologen und Philosophen brachten nun ihre Erkenntnisse zu Papier, und durch die gedruckten Bücher wurden sie schnell in vielen Ländern bekannt. Der Bildungshunger der Menschen war enorm. So konnten sich auch die Ideen des Humanismus schnell verbreiten: Humanistische Gelehrte kritisierten den Dogmatismus der katholischen Kirche und beschworen die Ideale der Antike. Ihre Philosophie orientierte sich an der Würde des einzelnen Menschen. Bildung, Toleranz, Gewissensfreiheit und Gewaltfreiheit galten als die wichtigsten Prinzipien des Zusammenlebens. Auch Gerwin besaß etliche Schriften antiker Autoren und einiger früher Humanisten.

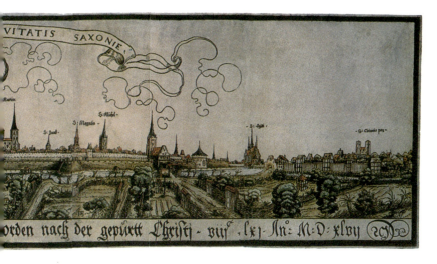

Die Schreibstuben blieben von dieser Entwicklung erst einmal unberührt. Viele Kleriker, Wissenschaftler und Bücherfreunde standen der Neuerung sehr skeptisch gegenüber und kauften weiterhin individuell angefertigte Handschriften. Auch die Arbeit von Notaren und Stadtschreibern wie Gerwin von Hameln änderte sich nicht: Urkunden, Testamente, Protokolle und Finanzberichte wurden auch in den folgenden Jahrhunderten noch per Hand geschrieben. Und Kalligraphen und Schreibmeister verfassten bis ins 17. Jahrhundert liturgische Prachthandschriften.

Gutenberg aber wollte der Welt beweisen, dass seine gedruckten Bücher ebenso schön waren wie Handschriften – und wegen des regelmäßigen Schriftbildes sogar besser zu lesen. Seine Textura-Druckschrift sah einer gotischen Handschrift sehr ähnlich. Bei der Ausgestaltung seiner Werke orientierte er sich an den prächtigsten Handschriften.

Das erste große Werk der neuen Druckkunst war die über 1.200 Seiten dicke Gutenberg-Bibel. Buchmaler fertigten die prächtigen Anfangsbuchstaben sowie Blatt- und Rankenverzierungen an. Sie gestalteten jede Bibel anders und berücksichtigten dabei auch die Wünsche ihrer Auftraggeber. Von den 180 Exemplaren druckte Gutenberg etwa 150 auf Papier und 30 auf Pergament. Dafür benötigte er mindestens 61.000 Bögen Papier und Pergament aus den Häuten von 6.000 Kälbern. Die gedruckten Bände kosteten etwa ein Viertel einer ähnlich ausgestatteten Handschrift. In der zweiten Hälfte des 15. Jahrhunderts stiegen die Druckauflagen, und die Kosten sanken weiter. Eine lateinische Bibel war dann etwa so teuer wie drei Ochsen.

Die ersten Buchdrucker verdienten an den aufwendig zu druckenden Büchern allerdings kaum etwas. Sehr viel lukrativer war für sie das Geschäft mit einseitigen Pamphleten, Aufrufen, Bekanntmachungen, Ablassbriefen und Gebetsblättern. Sie machten auch mit Kalendern und Grammatiken gute Geschäfte. Die Generation nach Gutenberg passte sich dem Geschmack der einfachen Bevölkerung an und druckte Ratgeber, erbauliche und unterhaltsame Traktate sowie gut illustrierte Geschichten. Die Formate wurden kleiner. In das Titelblatt integrierten die frühneuzeitlichen Verleger gern Werbung, etwa das Versprechen, das Buch sei „gar nützlich und hübsch zu lesen". Viele reisten mit ihrer Druckmaschine durch die Lande und boten ihre Dienste an. Erst später wurde das Bücherdrucken, Verlegen und Verkaufen zu einem ortsgebundenen Gewerbe, das hohen Kapital-

Johannes Gutenberg im Gespräch mit seinem Geldgeber Johannes Fust; Zeichnung von J. Heinrich Müller.

einsatz verlangte. Während Klein- und Wanderdrucker oft sehr arm blieben, kamen einige Besitzer großer Druckereien mit ihrer Arbeit zu großem Wohlstand.

Schon zu Gutenbergs Lebzeiten entstanden an vielen Orten Buchdruckereien. Der Siegeszug des Buches als modernes Massenkommunikationsmittel hatte begonnen. Gutenberg selbst konnte den Ruhm seiner Erfindung allerdings nicht mehr genießen. Er hatte sich für seine Erfindung hoch verschuldet und konnte das Darlehen nicht fristgerecht zurückzahlen. Schließlich musste er seine gesamte Werkstatt an seinen Gläubiger, den Mainzer Kaufmann Johannes Fust, übergeben. Fust führte die Druckerei gemeinsam mit Gutenbergs engstem Mitarbeiter Peter Schöffer erfolgreich weiter.

Auch Gerwin von Hameln erstand über 100 Incunabeln, so werden die vor 1501 gedruckten Schriften genannt. Er besaß nur wenige Prachtbände, aber einige schön von Hand bemalte Drucke. Bei der Auswahl der Titel ging es ihm weniger um das äußere Erscheinungsbild als um den Inhalt. Damit unterschied er sich wesentlich von dem Großteil der Sammler, die auf prächtige Einbände und Illustrationen viel Wert legten.

> Der Begriff *Incunabel* ist vom lateinischen *incunabulum* (Wiege oder Windel) abgeleitet und verweist auf die Zeit, als die ersten gedruckten Bücher noch „in der Wiege" lagen. Jede Druckerwerkstatt entwarf ihre eigene Schrift. Der erste Buchstabe am Beginn eines Kapitels oder Absatzes war stets ein Großbuchstabe, ansonsten wurde nur in Kleinbuchstaben gedruckt. Anfangs hatten die einzelnen Titel eine Auflage von rund 200 Exemplaren. Nach 1480 stiegen die Auflagen auf bis zu 1.000 Stück an.

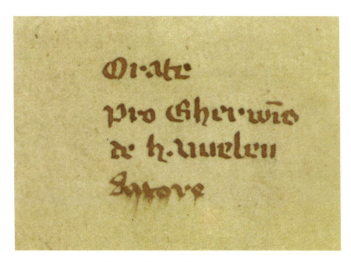

Die Gebetsbitte des Büchersammlers.

Der Bücherfreund und seine Vorlieben

Die meisten seiner Wiegendrucke und Handschriften kennzeichnete Gerwin mit seinem Familienwappen. Es findet sich in der Regel auf der ersten beschriebenen oder bedruckten Seite, manchmal auch auf dem Titelblatt. Da er es stets mit der Hand malte, gibt es sieben verschiedene Ausführungen, die einen mehr, die anderen weniger künstlerisch. Direkt neben das Wappen schrieb er eine Gebetsbitte, die deutlich macht, wie fromm er war: „Orate pro Gherwino de Hamelen" (Betet für Gerwin von Hameln). Dank der deutlichen Kennzeichnung konnten Wissenschaftler Jahrhunderte nach der Auflösung der Liberei die Werke aus Gerwins Sammlung in verschiedenen Bibliotheken ausfindig machen.

Handschriften-Bände, die viele verschiedene Texte enthielten, versah Gerwin mit Titelverzeichnissen auf der Vorderseite des Einbands, auf dem vorderen Innendeckel oder der ersten Seite. Auch auf manchen Schnittflächen brachte er kurze Informationen über den Inhalt an. Sie erleichtern heute noch die Suche nach bestimmten Texten.

Von den 136 heute bekannten Bänden sehen 107 noch genau so aus wie im 15. Jahrhundert. Die meisten haben Holzdeckel, die zum Teil oder ganz mit Leder überzogen sind, bei etlichen wurde das Leder durch Stempelprägung verziert. Anhand der Einbände lässt sich heute feststellen, dass 103 der Bücher in Braunschweiger Werkstätten gebunden wurden, einige andere in Augsburg, Hildesheim oder Nürnberg. Alle Bände haben ein Loch im hinteren Deckel, an dem sie mit einer Kette am Pult befestigt wurden, an einem hängen sogar noch Kettenreste.

Selbst nach mehr als 500 Jahren lassen sich die Lesegewohnheiten des fleißigen Büchersammlers noch gut nachvollziehen. Gerwin hatte die Angewohnheit, Anmerkungen in seine Bücher zu schreiben. Er markierte die Texte mit „legi", „perlegi", „perlegi totum", „incepi" oder „finivi" (darin gelesen, durchgelesen, alles durchgelesen, angefangen, beendet). Theologische und kirchenrechtliche Texte tragen zum Beispiel sehr oft den Vermerk „legi" – sie scheinen den Kleriker am meisten interessiert zu haben. Manchmal äußerte er sich auch zur Qualität des Textes. So schrieb er zum Beispiel unter eine Predigtsammlung: „Perlegi sermones istos exquisitos et sunt optimi" – diese auserwählten Predigten durchgelesen, sie sind hervorragend. Gerwin benutzte auch Lesezeichen aus Pergament und Papier, von denen zwei bis heute erhalten sind.

Gerwin war ein vielseitiger und durchaus wissbegieriger Leser. Seine Lektüre beschränkte sich daher nicht nur auf theologische und kirchenrechtliche Schriften. Nachweislich las er Petrarca und die Trojageschichte des Guido de Columnis. Die Weltchronik des Martin von Troppau ergänzte er sogar um einen eigenen Bericht über das Basler Konzil.

> Das Basler Konzil war die letzte große Kirchenversammlung des 15. Jahrhunderts. Im Mittelpunkt standen seit Jahrzehnten geforderte Kirchenreformen. Dabei ging es um die Papstwahl, die Zusammensetzung des Kardinalkollegs, das päpstliche Stellenbesetzungsrecht, die Missstände im Klerus und eine würdigere Gestaltung des Got-

tesdienstes. Wegen akuter Streitigkeiten innerhalb des Klerus verlegte Papst Eugen IV. das Konzil von Basel 1439 nach Ferrara und spaltete damit die Kirche erneut. Der in Basel zurückbleibende Teil der Geistlichen wählte Felix V. zum Gegenpapst. Es kam zum zweiten Schisma. Felix V. konnte seinen Machtanspruch nicht durchsetzen und legte 1449 sein Amt nieder. Er war der letzte katholische Gegenpapst der Kirchengeschichte.

Zu seinem Lebensende hin setzte sich Gerwin auch mit medizinischer Literatur und dem Thema Tod auseinander; er las zum Beispiel „Vier letzte Dinge" von Dionysius dem Kartäuser, einem der wichtigsten Theologen des Spätmittelalters.

Mittelalterliche Bibliotheken und Büchersammlungen

Im frühen Mittelalter retteten Klöster die Schriften der Antike vor dem Vergessen. Die Mönche verwahrten die kostbaren Bücher in abschließbaren Kisten oder Schränken. Später brachten sie die wachsenden Bestände in ungenutzten Räumen des Klosters unter, denen die Baumeister ursprünglich eine ganz andere Funktion zugedacht hatten. Einzig im Benediktinerkloster St. Emmeram in Bayern wurde 879 ein großer Saal als Aufbewahrungsort für Bücher errichtet. Neben der Liberei gab es im Mittelalter damit kein weiteres Gebäude, das ausdrücklich als Bibliothek gebaut wurde.

Kloster- und Pfarrbibliotheken gab es auch in Braunschweig. Vergleichbar in Umfang und Ausstattung mit der Liberei war die Bibliothek des Franziskanerklosters. Diese enthielt im Jahr 1532 etwa 444 Bände mit überwiegend theologischer und juristischer Literatur. Da beide Sammlungen dieselbe Themenvielfalt und zahlreiche Predigertexte enthalten, gehen Historiker davon aus, dass sich der Privatmann Gerwin beim Komplettieren seiner Sammlung an der Franziskanerbibliothek orientierte. Deutlich kleiner als die Franziskanerbibliothek war mit 201 Bänden die der Dominikaner. Die größte und am besten ausgestattete Bibliothek in Braunschweig war allerdings die Büchersammlung des Domstifts, die sich heute in der Herzog-August-Bibliothek in Wolfenbüttel befindet.

Bauzeichnung der freistehenden Liberei, angefertigt im Jahr 1939.

In den Klöstern waren Bibliothekare oder Buchmeisterinnen für die Ausleihe zuständig. Die Bücher wurden in der Regel nur an Geistliche verliehen, manchmal aber auch an Laien, die dann ein Pfand zurücklassen und sich in ein Leihbuch eintragen mussten. Trotzdem wurde aus den Klosterbibliotheken vieles gestohlen.

Bücher dienten in der Regel der Weiterbildung, nicht der Unterhaltung. Bibliotheken mit zwei- bis dreihundert Büchern galten als gut, Büchereien mit sechshundert Bänden als sehr gut ausgestattet. Nicht nur in Klöstern, auch an den Universitäten entstanden bedeutende Bibliotheken. Im 15. Jahrhundert wurden die Bücher von den Vorstehern der universitären Schreibstuben verliehen, die dafür ein Entgelt von den Studenten verlangten.

Wohlhabende Bücherfreunde wie Gerwin, die sich für die intellektuellen Debatten ihrer Zeit interessierten und ihr Vermögen für Bücher ausgaben, fanden sich auch außerhalb Braunschweigs. Doch von keiner Privatbibliothek in Nord- und Mitteldeutschland ist bekannt, dass sie annähernd so viele Bände enthielt wie die Liberei. Die größte Privatbibliothek nach der Sammlung Gerwins von Hameln hatte Nikolaus Gluse, der Leibarzt von Erzbischof Albrecht IV. von Magdeburg. Er besaß 209 meist medizinische und theologische Werke.

Im Süden Deutschlands gab es erheblich mehr Privatbibliotheken. Aber nur wenige waren so umfangreich wie die Sammlung Gerwins. Eine davon war die Bibliothek des Nürnberger Arztes Hartmann Schedel. Er hatte gemeinsam mit Gerwin in Leipzig studiert. Möglicherweise war er es, der die Liebe Gerwins zu den Büchern weckte. Die wahrscheinlich größte Büchersammlung besaß damals Amplonius Rating de Berka, der Leibarzt des Erzbischofs von Köln. Er nannte Anfang des 15. Jahrhunderts 635 Bände aus allen Wissensgebieten sein eigen. Doch keiner von ihnen stellte – so wie Gerwin – seine Sammlung den Bürgern zur Verfügung.

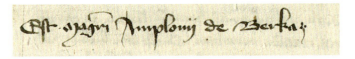

Die Unterschrift des Kölner Büchersammlers Amplonius de Berka.

Der Handel mit Handschriften und Druckwerken

Im Gegensatz zur griechischen und römischen Antike wurde im Frühmittelalter kaum mit Büchern gehandelt. Das änderte sich erst im 14. Jahrhundert, als immer mehr Bürger anfingen, Handschriften zu sammeln. Auf Wochenmärkten, Jahrmärkten und Messen verkauften Briefmaler volkstümliche Kleinliteratur und handkolorierte Heiligenbilder mit Gebeten. Auch Hausierer boten Texte an den Haustüren an. Lohnschreiber verkauften Schulbücher, Andachtsliteratur und Flugschriften. Daneben traten auch Stadtschreiber und Schullehrer als Handschriftenhändler auf. Gut möglich, dass auch Gerwin Schriften nicht nur für seine Bibliothek ankaufte, sondern auch mit ihnen handelte.

Die Vorsteher der Schreibstuben an den Universitäten kauften ebenfalls Bücher auf und vertrieben sie an den Hochschulen. Selbst die Mönche in den Klosterscriptorien schrieben für den Verkauf. In Paris gab es freigewerbliche Handschriftenhändler, die ihre Ware unter freiem Himmel anboten. Die zugelassenen Librarii ließen sich dagegen mit ihren Verkaufsbuden auf Kirchengelände nieder, zum Beispiel im Vorhof der Kathedrale von Notre Dame. Sie handelten mit „bouquins" (Büchern) und wurden deshalb auf Französisch „bouquinistes" und auf Deutsch „Bouquinisten" genannt. In Lübeck siedelten sich die Buchhändler an den Außenwänden der Marienkirche an, in Köln verkauften sie vor dem Dom. Auch Konstanz und Basel waren, als dort Anfang und Mitte des 15. Jahrhunderts die großen Reformkonzilien stattfanden, bedeutende Handschriftenmärkte.

Gutenbergs ehemaliger Mitarbeiter Peter Schöffer wurde der erste Großbuchhändler im deutschsprachigen Raum. Er lieferte seine Drucke von Frankfurt bis nach Frankreich und an die Ostsee. Für alle Buchhändler war es wichtig, auf den großen Handelsplätzen präsent zu sein. Wer seine Druckerei nicht verlassen konnte, beauftragte Agenten mit der Aufgabe.

Während der Gründer der Liberei, Johann von Ember, viele Handschriften auf Reisen, zum Beispiel zum Konstanzer Konzil,

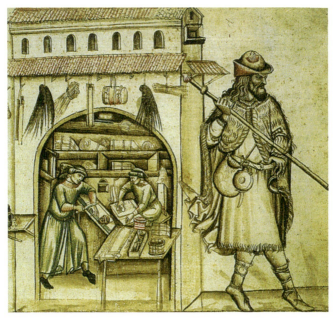

Ein Schreibwarengeschäft zu Zeiten Gerwins von Hameln.

erworben hatte, kaufte sein Nachfolger Gerwin von Hameln seine Handschriften und Drucke eher von fahrenden Händlern, die sie in Fässern transportierten. Er war offensichtlich beruflich so eingespannt, dass ihm die Zeit für größere Reisen fehlte.

Die Sammlung

Lasterhafter Bücherstolz, also das Sammeln von wertvollen Büchern aus Prestigegründen, galt im Mittelalter als verwerflich. Etliche Autoren äußerten sich dazu auch schriftlich; der Begriff des Büchernarren entstand. Gerwin besaß einige dieser Texte und studierte sie akribisch. Die „Summa virtutum ac vitiorum" des Dominikaners Guilelmus Peraldus beispielsweise ist mit einem „perlegi totum librum" (das ganz Buch gelesen) markiert. In diesem Werk beschreibt der Autor den Bücherstolz als ebenso verwerfliches Laster wie Fluchen, Schelten oder Gotteslästerung. Zu den Kritikern der Bücherliebe gehörte auch Petrarca, dessen Bedenken Gerwin ebenfalls kannte. Aber der Vorwurf der übertriebenen Bibliophilie konnte ihn nicht treffen: Die meisten seiner Bücher waren schlicht aufgemacht. Außerdem besaß er nur wenig spektakuläre Gelegenheitsliteratur.

Schwerpunkt seiner Sammlung waren theologische und juristische Fachtexte. Sie hatten ein hohes Niveau und wandten sich an sehr gebildete Leser. Obwohl Gerwin nur die niederen Priesterweihen empfangen hatte und selbst nicht predigen durfte, kaufte er Predigtanleitungen und Predigtzyklen, die für alle wichtigen Tage im Kirchenjahr Musterpredigten bereitstellten. Außerdem sammelte er Literatur, die sich mit Fragen der Seelsorge beschäftigte, sowie kirchenpolitische Texte zu damals aktuellen Themen wie Ablass- und Beichtpraxis. Auch Werke von Kirchenreformern wie Jakob von Paradies und Schriften über die rechte Verhaltensweise eines Christen wie die „Summa theologica" des Thomas von Aquin finden sich in der Sammlung.

Gerwin besaß darüber hinaus die wichtigsten Schriften zum römischen Recht und zum Kirchenrecht. Dass die Sammlung vor allem als Gebrauchsbibliothek gedacht war, zeigen etliche Grammatik- und Wörterbücher und Fachliteratur zu Medizin und Astrologie. An deutschsprachiger Dichtung sind lediglich ein Gedicht des Brun von Schönebeck und das Gedicht „Der Wurzgarten Mariens" von Könemann von Jerxheim bekannt.

Ganz ohne Absicht ist der frühhöfische Versroman „Graf Rudolf" in Gerwins Bibliothek geraten. Er findet sich in der Makulatur, also in der Einbandinnenseite eines Wiegendrucks. Damals benutzten die Buchbinder zum Verstärken der Einbände altes, bereits bedrucktes Pergament. Nachdem die Fragmente 1842 entdeckt worden waren, brachte der Märchensammler Wilhelm Grimm eine neue Ausgabe des „Graf Rudolf" heraus. In der Einleitung weist er darauf hin, dass Teile des Textes in einem Buch aus Gerwins Besitz gefunden worden waren.

Die 21 erhaltenen Handschriftenbände aus Gerwins Sammlung wurden von mindestens 101 verschiedenen Schreibern hergestellt. Im Durchschnitt haben etwa sechs Schreiber an einer Handschrift gearbeitet. Etliche Texte hat Gerwin auch selbst geschrieben, einige wohl in Zusammenarbeit mit seinem Gehilfen Hinrich Weggehovet.

Ein Großteil der Werke befindet sich heute in der Braunschweiger Stadtbibliothek. Wer des Lateinischen oder Niederdeutschen mächtig ist, kann hier in den wertvollen, über 500 Jahre alten Bänden schmökern. Ein eindrucksvolles Beispiel für frühe Drucke ist die Incunabel Nr. 204 – ein Sammelband, der verschiedene Messbücher enthält. Auf der ersten Seite prangt ein aufwendig gemaltes Wappen Gerwins, das kunstvoll in die Initialranke integriert ist. Am unteren Ende der Seite steht seine handgeschriebene Gebetsbitte: „Orate pro Gherwino de Hamelen datore" (Betet für Gerwin von Hameln, den Stifter).

Die Beweggründe des Sammlers

Gerwin sammelte Bücher, weil er sich sehr für theologische und juristische Themen interessierte und sich mit den aktuellen Fragen seiner Zeit auseinandersetzte. Das wird an den vielen Notizen in seinen Büchern deutlich. Im Laufe der Zeit aber entwickelte der Bücherfreund den Ehrgeiz, dass seine Sammlung den ganzen Wissensstand seiner Zeit widerspiegeln sollte. So kommt es, dass sich in seiner Bibliothek etliche Bücher finden, die er nie gelesen hat, vermutlich weil ihn die Themen nicht interessierten.

Aus zwei Gründen stiftete er seine einmalige Sammlung der Liberei: Zum einen war er tief gläubig. Wie sehr ihn sein Seelenheil beschäftigte, wird schon an den Gebetsbitten deutlich, die er in jedes seiner Bücher schrieb. Offensichtlich wollte er als frommer Stifter der Nachwelt im Gedächtnis bleiben. Zum anderen hatte er die frühen humanistischen Ideen, die bereits zu seinen Lebzeiten kursierten, tief verinnerlicht. Alle Braunschweiger sollten die Möglichkeit haben, sich in allen relevanten Themen der Zeit weiterzubilden.

Das Testament

Kurz vor seinem Tode, im September 1495, setzte Gerwin sein Testament auf. Er war damals bereits über 80 Jahre alt, angesichts der durchschnittlichen Lebenserwartung im Mittelalter ein stolzes Alter. 29 Papierblätter in einem Pergamentumschlag können noch heute im Stadtarchiv Braunschweig eingesehen werden. Gerwin hatte im Laufe seines langen Lebens ein ansehnliches Vermögen angehäuft, unter anderem ein umfangreiches Renten- und Barvermögen. Wie in anderen Testamenten des späten Mittelalters stehen die Zuwendungen an Geistliche und Kirchen im ersten Teil. In den Jahren vor der Reformation war es üblich, durch großzügige Stiftungen nicht nur für das eigene, sondern auch für das Seelenheil seiner Verwandten zu sorgen. Den geistlichen Stiftungen folgen im Testament die Zuwendungen an das Gesinde und an seine Familie. Am meisten bekam sein Neffe Gerwin Wittecopp.

Weil ich die bücher ſo vermehre,
Daſ ich nichtſ alſ den ſtaub abkehre,
Bin ich auſ dem gelehrten Orden
Ich gar zu einem Narren worden
Will Niemand mich dafür erkeñen,
Thut mich doch meine frau ſo neñen.

Der Büchernarr aus Sebastian Brants Narrenschiff von 1494 – beliebte
Darstellung der Bibliomanie.

Zuletzt verfügte er über seine Bibliothek: Er schenkte die Bücher
der Liberei. Gleichzeitig bestimmte er, wer die Bücher lesen durfte: „de erliken gelarden Personen bynnen Brunswigk ... geistlick
unde wertlick unde sunderliken des ersamen rades to Brunswigk
doctores, licentiaten, sindici, prothonotarii und secretarii" – die

ehrlichen, gelehrten Personen in Braunschweig … geistliche und weltliche und besonders die Doktoren, Lizentiaten, Syndici, Notare und Schreiber des Rates zu Braunschweig.[6] Das Ausleihen der Bände war allerdings nur der Familie gestattet.

Wer die anspruchsvolle Büchersammlung wirklich nutzte, lässt sich heute nicht mehr nachvollziehen. Die theologischen und philosophischen Schriften wurden möglicherweise nur von einem kleinen Kreis von Klerikern und Gelehrten gelesen. Die Grammatiken, Wörterbücher und juristischen Fachschriften hingegen waren sicherlich für Gerwins Stadtschreiber-Kollegen und andere

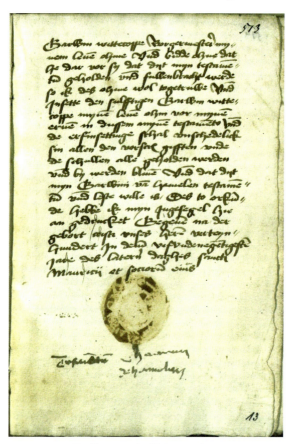

Das Testament des Büchersammlers.

Ratsbedienstete sehr nützlich. Denn die Rathäuser verfügten in der Regel nur über spärliche Buchbestände.

Viele namhafte Gelehrte wussten vom Bücherreichtum der Liberei. Sie reisten extra nach Braunschweig, um die Sammlung zu sehen. Unter ihnen war zum Beispiel der protestantische Kirchenhistoriker Matthias Flacius Illyricus, der ein Werk des Wilhelmus de Sancto Amore suchte und es, wie er in einem Brief berichtet, 1555 in der Liberei ausfindig machte.

Wie es mit der Bibliothek weiterging

Nach Gerwins Tod ging es mit der Liberei stetig bergab. Ihr Bestand dezimierte sich Jahr für Jahr, Buch um Buch verschwand. Offenbar lockte die Sammlung, gerade weil sie so viele seltene Kostbarkeiten barg, etliche Diebe an, die es entweder auf den Inhalt oder auf das wertvolle Pergament abgesehen hatten. 1531 schrieb der Reformator Johan Bugenhagen in „der Erbarn Stadt Braunschweig christliche Kirchenordnung": „Die Liberey bey St. Andreas sol man nicht verfallen lassen, sondern lieber mit der Zeit, was gute Bücher sind, mehr darzu verschaffen, sonderlich solche, die nit yerdemann zu bezalen hat."[7] Es ist nicht bekannt, ob dieser Aufruf wirkungsvoll war. Immerhin schenkte ein Amtsnachfolger Gerwins, der Stadtschreiber Johannes Alßhausen, der Liberei noch einmal eine größere Anzahl Bücher.

In den folgenden Jahren gab es immer wieder Streit zwischen dem Rat der Neustadt, den Kirchenältesten von St. Andreas und den Erben Gerwins über die Frage, wer für die Instandhaltung der Liberei zuständig sei. Gerwin von Hameln hatte seine Büchersammlung der Liberei gestiftet, aber es war unklar, wer für den Erhalt des Gebäudes und der Sammlung verantwortlich war. Heinrich Wittekop, der Enkel von Gerwin Wittekop, protestierte 1585 erfolgreich dagegen, dass die Liberei in ein Lakenmacherhaus umgewandelt wurde. Zwei Jahre später warf er den Bürgermeistern der Neustadt in einem Schreiben vor, sich an der Stiftung des Gerwin von Hameln zu versündigen: Der Rat plane an der Mauer der Bibliothek den Bau einer Latrine. Der dadurch entstehende Gestank werde die Benutzung der Bücher in der Bibliothek unmöglich machen. Heinrich Wittekop mahnte, dies werde einen schlechten Eindruck auf fremde Gelehrte machen, die in der berühmten Bibliothek studieren wollten.

1603 schrieb Heinrich Wittekop an den Kirchenrat, die Fenster der Bibliothek seien mutwillig zerschlagen worden. Der Rat der Neustadt habe ihm befohlen, Holzfenster einzusetzen. Dafür sei er aber nicht zuständig. Daraufhin schrieb der Neustadtrat, er habe die Fenster zumachen lassen. In den folgenden Jahren erhoben Wittekops Nachkommen immer wieder Anspruch auf die Büchersammlung und das Bibliotheksgebäude. Sie wurden jedoch von der Pfarrkirche und vom Neustadtrat abgewiesen.

Ende des 17. Jahrhunderts kam der Helmstedter Gelehrte Hermann von der Hardt in die Liberei, die er Andreana nannte. Im Auftrag des Herzogs Rudolf August war er auf der Suche nach dem Brief Christi an das Konstanzer Konzil, als dessen Verfasser Nikolaus von Clemanges gilt. Der Kirchenhistoriker Matthias Flacius Illyricus hatte in einer seiner Schriften berichtet, er habe die Handschrift in der Liberei gesehen. Doch als Hermann von der Hardt in Braunschweig danach suchte, war sie bereits verschwunden. Der Gelehrte war entsetzt über den erbärmlichen Zustand der Bibliothek. Er nahm etliche Werke mit und übergab sie seinem Auftraggeber Herzog Rudolf August. In einem Brief an den Herzog beklagte er 1695 den Verfall der Bibliothek: „Wie ist es mit der Andreana zu Braunschweig hergegangen, daraus E. Durchlaucht noch einige gute reliquien errettet?"[8]

Ein halbes Jahrhundert später, im Jahr 1753, verlegte Herzog Karl I. seine Residenz von Wolfenbüttel nach Braunschweig. Er ordnete an, dass alle Bücher aus den Kirchenbibliotheken der Stadt in die Bibliothek des Geistlichen Ministerii bei der Brüdernkirche gebracht werden sollten. Die Liberei wurde leer geräumt und die Bücher, die noch vorhanden waren, in die Bibliothek in der Brüdernkirche überführt.

Nach 1753 diente das Gebäude als Waschhaus. Die Besetzungen der Stadt durch die Franzosen (1757/58 und 1806), die Befreiung Braunschweigs durch die Preußen (1813) und die Revolutionen von 1830 und 1848 konnten dem kleinen Backsteingebäude offenbar nicht viel anhaben. 1862 wurde es restauriert, und die St.-Andreas-Gemeinde richtete dort ihre Registratur ein. Auch der Erste Weltkrieg und die Wirren der darauf folgenden Jahre gingen an der Liberei spurlos vorüber. 1941, als bereits die ersten Bomben auf Braunschweig fielen, wurde das gotische Gebäude als Abstellraum für Gartengeräte benutzt. Wenig später zerstörten die Luftangriffe der Alliierten fast die gesamte Braunschweiger Innenstadt. 1944 fielen die St.-Andreas-Kirche und das angrenzende Pfarrhaus den Bomben zum Opfer. Auch die Liberei wurde stark beschädigt, die Gewölbe stürzten ein und Teile des Südgiebels fielen auf die Kröppelstraße.

Angesichts der schweren Gebäudeschäden machten Denkmalschützer kurz nach Kriegsende den Vorschlag, nur den Nordgiebel zu belassen und den Südgiebel sowie die ebenfalls beschädigten Seitenwände unter Verwendung anderer Materialien wieder aufzubauen. Dieser Vorschlag wurde jedoch aufgrund der historischen Bedeutung des Gebäudes verworfen. 1947 gelang es, den Bestand

Die Liberei nach den Luftangriffen, Aufnahme von 1944.

des Bauwerks zu sichern. Das äußere Erscheinungsbild der einstigen Bibliothek konnte aber erst 1963/64 in vereinfachter Form wiederhergestellt werden. Erst zu diesem Zeitpunkt waren Ziegeleien technisch wieder in der Lage, die Steine herzustellen und zu glasieren.

1984 gründete der Kirchenvorstand einen Förderkreis für die Liberei. Mit Geldern des Denkmalschutzes, Gemeindemitteln und privaten Spenden wurde das Gebäude im selben Jahr innen restauriert. Das Kreuzrippengewölbe im ersten Stock und die Außentreppe wurden instand gesetzt, eine Zwischendecke eingezogen, acht Fenster mit Bleifassungen, Fußbodenplatten und Heizungen wurden eingebaut und Elektroanschlüsse verlegt. Der Plan, im unteren Raum ein Steinmuseum einzurichten, wurde aus Geldmangel allerdings nie umgesetzt.

Heute lagert im feuchten Erdgeschoss lediglich ein alter Wasserspeier von der Außenwand der Andreaskirche. Auch der obere Raum wird nicht mehr genutzt. Peter Kapp, Pfarrer von St. Andreas, berichtet, nach der Renovierung hätten sich ab und zu Jugendgruppen in der Liberei getroffen. Auch Kirchenvorstandssitzungen und kleinere Feiern fanden dort statt.

Inzwischen wird er nur noch bei Kunstaktionen genutzt. Die Berliner Künstlerin Friederike Kersten stellte 2006 mit der Soundinstallation „Stabi" z.B. eine Beziehung zwischen der Liberei als einer der ersten öffentlichen Bibliotheken und der Staatsbibliothek (Stabi) in Berlin her. Sie brachte einen Arbeitstisch und einen Teppich aus der Stabi nach Braunschweig und richtete in der Liberei einen fiktiven Arbeitsplatz ein. Vom Tonband ertönte die Stimme des Hausmeisters der Staatsbibliothek in Berlin.

Teile der Sammlung tauchen wieder auf

Leider gibt es kein Gesamtverzeichnis aller Bücher aus der Sammlung des Gerwin von Hameln. Von den insgesamt 336 Werken haben Wissenschaftler bis heute 137 in verschiedenen Bibliotheken wiedergefunden – dank der Wappen, die Gerwin in all seine Bücher gemalt hat. Der Bibliothekswissenschaftler Heinrich Nentwig fand bereits Anfang des 20. Jahrhunderts unter den Helmstedter Handschriften der Wolfenbütteler Bibliothek sieben Werke aus der Sammlung Gerwins. In der Stadtbibliothek Braunschweig entdeckte er vier weitere Handschriftenbände und 75 Wiegendrucke. Der Altphilologe Paul Lehmann berichtete 1935, er habe etwa ein Drittel der Sammlung in der Stadtbibliothek Braunschweig und anderswo ausfindig gemacht. Lehmann listet in seinem Aufsatz 104 Bände mit kurzen Beschreibungen auf. Später entdeckten die Wissenschaftler Hermann Herbst, Helmar Härtel und Jutta Fliege sechs weitere Bände. Anette Haucap-Naß, heute Leiterin der Stadtbibliothek Braunschweig, machte 1995 noch einmal 27 Bände in verschiedenen Bibliotheken ausfindig. In ihrer Doktorarbeit über Gerwin von Hameln und seine Bibliothek beschreibt sie alle bekannten 137 Werke. Die meisten stehen heute in der Stadtbibliothek Braunschweig und in der Herzog August Bibliothek in Wolfenbüttel. Aber auch in der Niedersächsischen Staats- und Universitätsbibliothek in Göttingen, der Württembergischen Landesbibliothek in Stuttgart, der Badischen Landesbibliothek in Karlsruhe und der Anhaltinischen Landesbücherei in Dessau finden sich Werke mit dem Besitzerzeichen Gerwins von Hameln.

Insgesamt sind heute 21 Handschriftenbände mit 196 Texten, zwei Mischbände und 114 Bände mit 156 gedruckten Texten bekannt. Insgesamt sind 199 Bände, die ursprünglich zur Bibliothek gehörten, nicht wieder aufgetaucht. Möglicherweise wurde ein Teil der theologischen Schriften sogar absichtlich zerstört. Die Werke galten mit der Einführung der Reformation als „katholischer Plunder" und damit als wertlos oder sogar schändlich.

Bücherfreunde sollten sich die Liberei, das historische Kleinod neben der Andreaskirche in Braunschweig, als ein lohnenswertes Ziel für Besucher und Bewohner der Stadt, nicht entgehen lassen. Eine Besichtigung des ältesten Bibliotheksgebäudes Deutschlands ist nicht nur von außen, sondern auch von innen möglich. Sie sollten dabei bedenken: Es handelt sich um eine der ersten Bürger-Bibliotheken Europas.

Der Gelehrte Matthias Flacius, genannt Illyricus, reiste aus Magdeburg wegen der
Büchersammlung der Liberei nach Braunschweig.
Unbekannter Künstler, 2. Hälfte 16. Jh.

Anhang

Anmerkungen

1 Zit. n. Haucap-Naß, Anette; Behr, Hans-Joachim (Hg.): Gerwin von Hameln. Braunschweiger Büchersammler im späten Mittelalter, Braunschweiger Werkstücke, Braunschweig 1996, S. 48.

2 Zit. n. Nentwig, Heinrich: Das ältere Buchwesen in Braunschweig, in: 25. Beiheft zum Centralblatt für Bibliothekswesen, 1901, S. 25.

3 Zit. n. Moderhack, Richard: Braunschweiger Stadtgeschichte, Braunschweig 1997, S. 76.

4 Zit. n. Märtl, Claudia: Braunschweig. Eine mittelalterliche Großstadt, in: Claudia Märtl u. a.: Die Wirtschafts- und Sozialgeschichte des Braunschweiger Landes, Bd. 1 Mittelalter, Hildesheim 2008, S. 400.

5 Zit. n. Haucap-Naß, Anette: Der Braunschweiger Stadtschreiber Gerwin von Hameln und seine Bibliothek, Wolfenbütteler Mittelalter-Studien Bd. 8, Wiesbaden 1995, S. 27.

6 Zit. n. ebd., S. 297-298.

7 Zit. n. Nentwig, S. 39.

8 Zit. n. Lehmann, Paul: Gerwin van Hameln und die Andreasbibliothek in Braunschweig, in: Zentralblatt für Bibliothekswesen 52 (1935), H. 11, S. 575.

Bildnachweis

Buchumschlag: Tina Stadlmeyer (Liberei), Stadtbibliothek Braunschweig: aus Inc. 204 (Wappen), Marc Bastet, archeokit (Stadtplan); S. 2, 9, 11: Spendendank des Förderkreises für die Liberei, die Abbildung wurde zur Verfügung gestellt von Peter Kapp; S. 4, 21, 28: Stadtbibliothek Braunschweig: fol. 42 r, II 1-204 (Braunschweig), Inc. 204; S. 6, 31, 41: Niedersächsisches Landesamt für Denkmalpflege Hannover; S. 13: Braunschweig Stadtmarketing GmbH; S. 14, 24 f.: Herzog August Bibliothek Wolfenbüttel: Cod. Guelf. 409 Helmst. (Buchdeckel), Top 6 e (Stadtansicht Spitzer); S. 15, 22, 38: Stadtarchiv Braunschweig: A III 6: 58 (Quirre), A III 7: 42 (Notariatssignet), A I 3: 1, S. 513 (Testament); S. 17: Helmut Presser: Johannes Gutenberg, Reinbek bei Hamburg 1995, S. 33; S. 26: Gutenberg-Museum Mainz; S. 32: Universitätsbibliothek Erfurt/Gotha; S. 33: Ralf M. W. Stammberger: Scriptor und Scriptorium. Graz 2003, S. 39; S. 37: Peter Stein: Schriftkultur, Darmstadt 2006, S. 243; S. 45: FSU Jena, Kostodie GP 219.

Weiterführende Literatur

Camerer, Luitgard; Garzmann, Manfred, u.a. (Hg.): Braunschweiger Stadtlexikon, Braunschweig 1992.

Dorn, Reinhard: Mittelalterliche Kirchen in Braunschweig, Hameln 1978.

Dürre, Hermann: Geschichte der Stadt Braunschweig im Mittelalter, Braunschweig 1861.

Füssel, Stephan: Johannes Gutenberg, Reinbek bei Hamburg 2000.

Haucap-Naß, Anette; Behr, Hans-Joachim (Hg.): Gerwin von Hameln. Braunschweiger Büchersammler im späten Mittelalter, Braunschweiger Werkstücke, Braunschweig 1996.

Haucap-Naß, Anette: Der Braunschweiger Stadtschreiber Gerwin von Hameln und seine Bibliothek, Wolfenbütteler Mittelalter-Studien Bd. 8, Wiesbaden 1995.

Herbst, Hermann: Die Bibliothek der St. Andreaskirche zu Braunschweig, in: Zentralblatt für Bibliothekswesen 58 (1941), H. 9/10.

Jarck, Horst-Rüdiger; Schildt, Gerhard (Hg.): Die Braunschweigische Landesgeschichte. Jahrtausendrückblick einer Region, Braunschweig 2000.

Lehmann, Paul: Gerwin van Hameln und die Andreasbibliothek in Braunschweig, in: Zentralblatt für Bibliothekswesen 52 (1935), H. 11.

Lülfing, Hans: Johannes Gutenberg und das Buchwesen des 14. und 15. Jahrhunderts, München-Pullach 1969.

Märtl, Claudia: Braunschweig. Eine mittelalterliche Großstadt, in: Claudia Märtl u. a. (Hg.): Die Wirtschafts- und Sozialgeschichte des Braunschweiger Landes. Bd. 1 Mittelalter, Hildesheim 2008.

Meckseper, Cord (Hg.): Stadt im Wandel. Kunst und Kultur des Bürgertums in Norddeutschland 1150-1650, Stuttgart 1985.

Meier, Paul Jonas; Steinacker, Karl: Die Bau- und Kunstdenkmäler der Stadt Braunschweig, Braunschweig 1926.

Mahnke, Helmut: Der kunstreiche Johannes Gutenberg und die Frühzeit der Druckkunst, Norderstedt 2009.

Moderhack, Richard: Braunschweiger Stadtgeschichte, Braunschweig 1997.

Nentwig, Heinrich: Das ältere Buchwesen in Braunschweig, in: 25. Beiheft zum Centralblatt für Bibliothekswesen, 1901.

Robert Slawski: St. Andreas – Neustadt – Braunschweig, Braunschweig 1996.

Spies, Gerd (Hg.): Braunschweig – Das Bild der Stadt in 900 Jahren. Geschichte und Ansichten, Braunschweig 1985.

Spies, Gerd (Hg.): Brunswiek 1031 – Braunschweig 1981. Die Stadt Heinrichs des Löwen von den Anfängen bis zur Gegenwart, Braunschweig 1982.

Spieß, Werner: Geschichte der Stadt Braunschweig im Nachmittelalter, Braunschweig 1966.

Stolz, Michael; Mettauer, Adrian (Hg.): Buchkultur im Mittelalter, Berlin 2006.

Herausgeber: Johanna Lutteroth und Andreas J. Meyer
© MERLIN VERLAG Andreas Meyer VerlagsGmbH & Co KG
Umschlaggestaltung: Michael Sauer und Merlin Verlag unter
Verwendung einer Aufnahme von Tina Stadlmayer.
Satz: Merlin Verlag
Gesamtherstellung: Beltz Bad Langensalza
1. Auflage, im 55. Jahr des Merlin Verlages
Gifkendorf, 2012
ISBN 978-3-87536-283-1
www.merlin-verlag.de